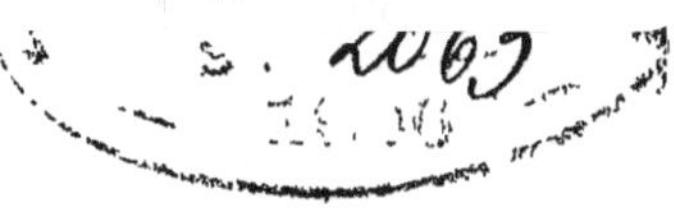

RECUEIL

des Lois concernant la Chasse

spéciales aux Départements

du Bas-Rhin, du Haut-Rhin et de la Moselle

I. **Loi du 7 février 1881**
   sur l'exercice du droit de Chasse

II. **Loi du 7 mai 1883**
   sur la police de la Chasse

III. **Loi du 29 juillet 1925**
   relative à la réparation des dégâts
   causés par les sangliers

Imprimerie
du NOUVEAU JOURNAL DE STRASBOURG
1926

RECUEIL

des Lois concernant la Chasse

spéciales aux Départements

du Bas - Rhin, du Haut - Rhin et de la Moselle

I. Loi du 7 février 1881
   sur l'exercice du droit de Chasse

II. Loi du 7 mai 1883
   sur la police de la Chasse

III. Loi du 29 juillet 1925
   relative à la réparation des dégâts
   causés par les sangliers

Imprimerie
du NOUVEAU JOURNAL DE STRASBOURG
1926

Loi du 7 février 1881

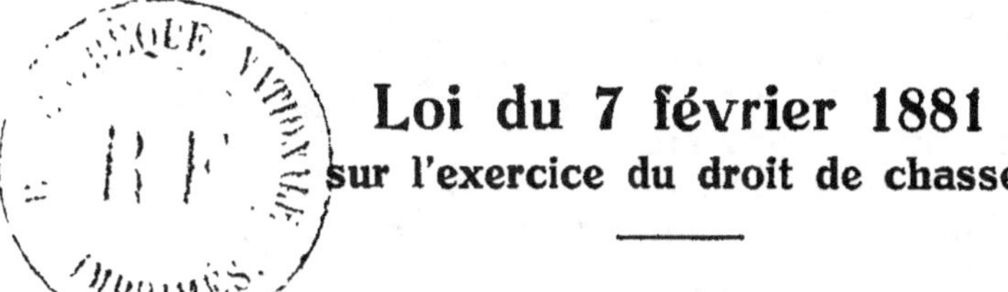

sur l'exercice du droit de chasse.

Article premier. L'exercice du droit de chasse qui appartient à chaque propriétaire sur ses terres et l'exercice du droit de chasse sur les espaces couverts d'eau sont régis par les dispositions de la présente loi.

Ces dispositions ne sont pas applicables :

1° Aux terrains de l'administration militaire de l'Empire et à ceux de l'administration des chemins de fer de l'Empire, aux forêts de l'Etat et aux forêts dont la propriété est indivise entre l'Etat et d'autres propriétaires ;

2° Aux terrains entourés d'une clôture continue faisant obstacle à toute communication avec les héritages voisins.

Art. 2. Le droit de chasse sur les terres et sur les espaces couverts d'eau soumis aux dispositions de la présente loi sera administré par la commune, au nom et pour le compte des propriétaires.

Pour chaque territoire communal (Gemeindebann) la chasse sera, par voie d'adjudication publique, et conformément aux prescriptions relatives à la location des terrains communaux, louée pour une durée de neuf années [1]) sans préjudice de la disposition de l'article 10 de la présente loi relative à la première location.

Chaque territoire communal pourra être fractionné en plusieurs districts de chasse, dont chacun comprendra au moins deux cents hectares.

---

[1]) La location a lieu aux conditions d'un cahier des charges établi par le Ministère ; voir avis du 9 juillet 1906. Pour l'approbation par l'autorité de surveillance, voir art. 75, all. 2, n° 2, de la loi communale du 6 juin 1895.

Art. 3. Le propriétaire pourra se réserver l'exercice du droit de chasse sur les domaines d'une contenance de vingt-cinq hectares au moins d'un seul tenant, sur les lacs et étangs d'une superficie de cinq hectares au moins, ainsi que sur les étangs disposés pour la capture des canards.

Les chemins de fer, routes ou cours d'eau ne seront pas considérés comme interrompant la continuité d'un domaine.

Art. 4. Le produit de la location de la chasse sera payé à la caisse communale.

La répartition de ce produit entre les différents propriétaires aura lieu proportionnellement à la contenance cadastrale des fonds et des espaces couverts d'eau compris dans le district de chasse affermé. Les sommes qui n'auront pas été retirées dans un délai de deux ans à partir de la publication de l'état indiquant le montant de la part attribuée à chaque propriétaire seront acquises à la caisse communale.

Le produit de la location de la chasse du territoire communal sera abandonné à la commune lorsqu'il en aura été décidé ainsi par les deux tiers au moins des intéressés, possesseurs des deux tiers au moins des fonds situés sur ce territoire et soumis aux dispositions de la présente loi. La décision prise à ce sujet sera valable pour toute la durée de la période de location.

Lorsqu'une décision de ce genre aura été prise, les propriétaires qui se seront réservé l'exercice du droit de chasse, conformément aux dispositions de l'article 3, seront tenus de verser dans la caisse communale, pour être ajoutée au prix de location de la partie du territoire communal qui aura été affermée, une contribution proportionnelle à l'étendue cadastrale des fonds et des espaces couverts d'eau qu'ils se seront réservés.

Art. 5. Les communes qui posèdent sur le territoire d'une autre commune des fonds se trouvant dans les conditions indiquées à l'article 3 ne seront pas admises à prendre part aux décisions relatives à l'emploi du prix de location de la chasse au profit de la commune (art. 4, al. 3), et, dans le cas où une décision de ce genre aurait été prise et où ces communes se seraient réservé l'exercice du droit de chasse, ne seront pas astreintes à verser une contribution dans la caisse de l'autre commune (art. 4, al. 4).

Art. 6. Avant de fixer la date à laquelle devra avoir lieu l'adjudication du droit de chasse, le maire, par un avis public, désignera un jour aux intéressés pour décider si le prix de location de la chasse sera abandonné à la commune.

Après que cette décision aura été prise, les propriétaires qui voudront se réserver l'exercice du droit de chasse, conformément à l'article 3, devront en donner avis au maire dans les dix jours, au moyen d'une déclaration écrite. Lorsque les fonds ou les espaces couverts d'eau ainsi réservés seront situés sur plusieurs territoires communaux, la déclaration devra être adressée au maire de chacune de ces communes.

L'annonce du jour fixé pour l'adjudication du droit de chasse ne pourra avoir lieu qu'après l'expiration de ce délai de dix jours. Entre le jour de la première annonce et celui de l'adjudication, il devra s'écouler un délai de six semaines au moins.

Art. 7. Lorsque des terrains d'une moindre contenance se trouveront enclavés, en totalité ou en majeure partie, dans des propriétés de vingt-cinq hectares au moins d'un seul tenant, le proriétaire du fonds le plus étendu aura la priorité pour la location du droit de chasse sur les terrains enclavés lorsqu'il se sera réservé l'exercice du droit de chasse sur son propre domaine. A cet effet, il pourra réclamer à son profit, pour toute la durée de la location, l'exercice du droit de chasse sur les terrains enclavés, moyennant le payement d'une indemnité calculée proportionnellement au prix de location de la chasse pour tout le territoire communal, ce prix devant être diminué d'autant.

Si le propriétaire ne manifeste pas l'intention d'user de ce droit dans la huitaine qui suivra le jour de l'adjudication définitive de la chasse sur le territoire communal (art. 2) en adressant au maire une déclaration écrite, les terrains enclavés resteront compris dans les district communal de chasse.

Art. 8. A partir de l'entrée en vigueur de la présente loi, les baux de chasse concernant des terrains soumis aux dispositions de ladite loi, et sur lesquels les propriétaires n'ont pas la faculté de se réserver le droit de chasse en vertu de l'article 3, ne pourront être passés valablement que de la manière prescrite par l'article 2.

Tous les baux passés antérieurement pour la location de la chasse sur des terrains de cette catégorie devront, dans les trois mois, être déposés en forme dûment enregistrée, et contre un reçu, à la direction du cercle.

Les baux qui n'auront pas été déposés dans la forme et le délai prescrits, ainsi que ceux qui auront été passés contrairement aux dispositions de l'alinéa 1er, seront sans effet juridique.

Les baux déposés expireront, en tant qu'ils n'auront pas pris fin avant cette époque, en 1889, au jour de la fermeture de la chasse.

Art. 9. S'il existe des baux de chasse valables pour des parties du territoire communal d'une contenance inférieure à vingt-cinq hectares d'un seul tenant, il pourra, par les soins du maire, huit jours au moins avant la date fixée pour l'adjudication, être assigné aux locataires de la chasse, au lieu et place des parcelles à eux louées, un district de chasse d'un seul tenant, d'une contenance et d'une valeur égales à celles desdites parcelles.

Le prix de location dû par les locataires de la chasse en vertu de leur bail demeurera acquis aux ayants droit. Les propriétaires des fonds qui auront été assignés aux locataires comme district de chasse toucheront dans le prix de location du territoire communal une part proportionnelle à l'étendue de ces fonds, conformément à l'article 4 de la présente loi.

L'assignation des fonds sera faite par deux experts assermentés par le juge de bailliage, dont l'un sera désigné par le maire et l'autre par les locataires de la chasse. Si ces derniers ne désignent pas un expert dans le délai qui leur sera imparti, ou si les experts désignés ne parviennent pas à se mettre d'accord, le directeur du cercle nommera un troisième expert qui fera cette assignation. Les frais de la procédure seront supportés par les locataires de la chasse.

Art. 10. Lors de la première location des districts de chasse, l'expiration de la période de location sera fixée au jour de la fermeture de la chasse pour l'année 1889.

S'il existe des baux de chasse valables expirant avant ce terme, il sera procédé par la commune à une nouvelle location de la chasse, avec la stipulation que le bail prendra fin au jour ci-dessus indiqué.

Art. 11. Les dispositions concernant la police de la chasse actuellement en vigueur [1]), ainsi que les prescriptions relatives à la destruction des animaux nuisibles, ne sont pas modifiées par la présente loi.

Toutefois, il sera interdit d'employer des armes à feu pour chasser ou pour repousser et effaroucher le gibier, dans les terrains enclavés dans les fortifications ou situés dans un rayon de deux cent vingt-cinq mètres au plus à compter des fortifications ou des forts, poudrières et autres établissements du même genre, sous peine d'une amende de vingt à cent cinquante marks ou de la détention simple jusqu'à quatre semaines.

La délimitation et l'abornement des rayons de sûreté auront lieu en vertu d'un règlement pris par le Statthalter [2]), conformément aux dispositions des articles 3 et 8 de la loi d'Empire, du 21 décembre 1871.

Art. 12. Les dispositions nécessaires pour l'exécution de la présente loi seront édictées par le Ministère.

---

[1]) Voir ci-après la loi du 7 mai 1883 sur la police de la chasse.

[2]) Voir pour Strasbourg et Metz le règlement du 31 mai 1882, pour Strasbourg aussi l'ordonnance du 16 mai 1889.

Loi du 7 mai 1883
sur la police de la chasse
avec les modifications résultant des lois du 2 juillet 1890 et du 28 mai 1912

Article premier. La chasse sur les terres et sur les espaces couverts d'eau s'exerce conformément aux dispositions de la présente loi.

Il est interdit de suivre le gibier blessé ou de s'emparer du gibier tombé, sur un domaine de chasse appartenant à autrui (droit de suite), sans l'autorisation de celui à qui le droit de chasse appartient.

Art. 2. Ne sera pas considéré comme acte de chasse le fait par les propriétaires, possesseurs ou fermiers, de détruire sur leurs terres les animaux nuisibles.

Le Ministère déterminera [1] :

1° Quels sont les animaux réputés nuisibles ;

2° Par quels moyens et sous quelles conditions ces animaux peuvent être détruits.

Art. 3. Il est interdit de se livrer à la chasse du gibier pendant la période du 2 février au 23 août [2]. Ne sont pas compris dans cette prohibition : les sangliers,

---

[1] Voir l'ordonnance du 16 juillet 1890, modifiée par celles des 4 juillet 1899, 30 janvier 1912 et 6 novembre 1912. Cf. l'article 24, alinéa 2 de la loi du 9 juillet 1888 sur la police rurale et l'ordonnance du 31 décembre 1888.

[2] La loi du 11 juillet 1884 déclare que la période court depuis le commencement de la journée du 2 février jusqu'à la fin de la journée du 22 août.

les cerfs, les chevreuils (brocards), le grand et le petit coq de bruyère, les oiseaux de passage et les oiseaux migrateurs, les lapins et les animaux nuisibles (art. 2). Il est interdit de chasser avec des chiens entre le 2 février et le 23 août les espèces de gibier ci-dessus énumérées, à l'exception du grand et du petit coq de bruyère, des oiseaux de passage et des oiseaux migrateurs.

La chasse du chevreuil (brocard) est interdite du 2 février à la fin de mai.

La chasse des oiseaux d'eau et des marais, à l'exception de l'oie sauvage et du héron cendré, ainsi que celle des autres oiseaux de passage et oiseaux migrateurs, est interdite du 1er avril à la fin de juin [1]).

Le Ministère est autorisé à interdire, à raison de circonstances extraordinaires, la chasse en plaine dans certaines contrées pour une période qui ne pourra excéder quatorze jours à compter du moment où la chasse cessera d'être prohibée.

Il est défendu de prendre des couvées de gibier à plume dans le temps où la chasse de ce gibier est interdite [2]); l'enlèvement des œufs n'est permis qu'autant que ceux-ci, déposés dans la campagne, sont recueillis par le titulaire du droit de chasse en vue de les faire couver.

Art. 4. Pendant le temps que la chasse sera prohibée et à partir du quatorzième jour après sa clôture, il sera défendu d'offrir en vente, de vendre, d'acheter, de transporter ou de colporter pour être vendu le

---

[1]) La loi du 8 mai 1899 porte : « Est interdite du 1er mai au au 30 juin inclusivement la chasse des bécasses, outardes, cygnes sauvages, et de tous autres oiseaux d'eau, et de marais qui ne sont pas considérés comme animaux nuisibles, à l'exception des oies et canards sauvages, et du 1er avril au 30 juin inclusivement la chasse des canards sauvages. »

[2]) Voir aussi Code pénal, article 368, no 11.

gibier dont la chasse est interdite [1]). Cette défense ne s'appliquera pas au gibier transporté ou vendu sur l'ordre de l'administration.

Le directeur de cercle pourra, en temps prohibé, autoriser la capture et le transport du gibier vivant dans le but de le conserver ou d'en favoriser la multiplication.

Art. 5. Lorsque la multiplication excessive du gibier ou toute autre circonstance fera craindre que le gibier ne cause aux cultures des dommages extraordinaires, le directeur de cercle imposera, même en temps prohibé, aux titulaires de la chasse, sur la demande des propriétaires lésés et après avoir examiné préalablement si la mesure est nécessaire, l'obligation d'en réduire le nombre. Si le titulaire de la chasse ne se conforme pas, dans le délai fixé, à l'injonction qui lui est faite, ou ne s'y conforme pas d'une manière suffisante, le président de district sera autorisé à prendre les mesures nécessaires. Il pourra notamment, sous certaines restrictions de lieu et de temps, permettre aux propriétaires fonciers de détruire, à l'aide des moyens autorisés pour la chasse, le gibier se trouvant sur leurs terres et, le cas échéant, ordonner des battues par voie administrative. Des battues de ce genre ne pourront avoir lieu pour la destruction des lièvres et des chevreuils.

Le gibier tué à la suite de la mise à exécution de pareilles mesures sera mis à la disposition du titulaire

---

[1]) Voir cependant la loi du 17 juin 1908, ainsi conçue :

« Article unique. L'article 4, alinéa 1er de la loi du 7 mai 1883 sur la police de la chasse portant interdiction du commerce et du transport du gibier en temps de chasse prohibée ne s'applique pas à la vente de certaines sortes de gibier conservées dans les frigorifiques, à la condition qu'elle ait lieu sous contrôle et conformément aux mesures dictées par le Ministère. Les frais du contrôle incombent aux propriétaires des frigorifiques et peuvent être perçus sous forme d'une taxe aux conditions du tarif. » *Adde* ordonnance ministérielle du 10 juillet 1908.

de la chasse ou vendu à son profit en vertu d'instructions du président de district. Les frais des battues
ordonnées par l'administration seront supportés par
les titulaires de la chasse, dans la mesure où ces frais
ne dépassent pas la valeur du gibier tué.

Le président de district réglera, en s'inspirant des
dispositions qui précèdent, les conditions de la vente
du gibier tué, d'après ses ordres, pendant le temps où
la chasse est fermée.

Art. 6 (abrogé par l'article 3 de la loi du 2 juillet
1890).

Art. 7. L'exercice de la chasse en plaine est interdit pendant la nuit. La nuit s'entend du temps qui
commence une heure après le coucher du soleil et fi-
nit une heure avant son lever.

L'exercice de la chasse aux chiens courants (bra-
ques) peut être défendu par le Ministère, l'assemblée
de district entendue, à certaines époques et dans certaines régions.

L'emploi des lacets n'est permis que pour la
chasse aux grives.

Le Ministère peut interdire tous autres modes ou
engins de chasse ne servant pas à l'exercice régulier
de la chasse [1].

Art. 8. Il est interdit de mettre en vente, vendre,
transporter ou colporter pour être vendu le gibier pris
aux lacets, à l'exception des grives. Il est défendu
aux aubergistes et marchands d'acheter de pareil gibier.

Art. 9. L'exercice de la chasse n'est permis qu'a-
près la délivrance d'un permis de chasse [2]. Le permis de chasse est délivré pour la période comprise
entre le 2 février et le 1er février de l'année suivante,
et il est valable pour tout le territoire d'Alsace-Lorraine.

---

[1] Voir ordonnances du 24 avril 1895 et du 4 février 1899.

[2] Des modifications ont été apportées depuis 1920, au ré-
gime des permis de chasse.

Sur la demande du titulaire de la chasse, des permis de chasse additionnels, valables pour huit jours, peuvent être délivrés aux invités. Ces permis ne sont valables que dans l'étendue du district de chasse du titulaire de la chasse.

N'ont pas besoin d'un permis de chasse :

1° Les personnes qui exercent la chasse sur des fonds de terre attenant à leur habitation et entourés d'une clôture continue faisant obstacle à toute communicaion avec les héritages voisins ;

2° Les fonctionnaires préposés à la garde des forêts qui, dans l'exercice de leur fonctions et conformément aux ordres de leurs supérieurs, détruisent du gibier dans le ressort de leur sous-inspection, dans des chasses administrées en régie ou dans des battues prescrites par l'administration.

Le chasseur, tandis qu'il se livre à la chasse, doit être muni de son permis de chasse.

La demande en délivrance du permis de chasse doit être adressée au maire. Le permis est délivré par le directeur de cercle ou de police.

(Modifié par la loi du 28 mai 1912.) Il sera perçu un droit de 45 marks pour la délivrance d'un permis de chasse et de 10 marks pour la délivrance de tout permis de chasse additionnel [1]).

Si les permis sont délivrés pour des personnes qui ne sont ni ressortissantes d'un des Etats confédérés,

---

[1]) Voir en outre la loi du 9 juillet 1888, ainsi conçue :

« Article premier. Le droit dû pour la délivrance des permis de chasse en vertu de l'article 9, alinéa 6 de la loi du 7 mai 1883 sur la police de la chasse est, en ce qui concerne les permis dont la période de validité commencera après le 1er février 1889, augmenté d'un droit supplémentaire qui, pour les permis de chasse, sera de 4 marks et pour les permis additionnels de 1 mark.

« Art. 2. Le produit des droits supplémentaires formera un fonds spécial qui sera perçu par la caisse d'Alsace-Lorraine et laissé à la disposition du Ministère. Il servira à accorder des secours aux agriculteurs dont les terres cultivées ou la récolte ont subi des dommages causés par les sangliers. »

Cette dernière loi a été modifiée par l'article 36 de la loi d'exécution du Code civil.

ni domiciliées d'une façon permanente en Alsace-Lorraine, le droit pour le permis de chasse et de 80 marks et, pour tout permis de chasse additionnel, de 16 marks.

Deux cinquièmes du droit sont attribués à la caisse de la commune où a été demandé le permis ; le restant du droit profite au Trésor d'Alsace-Lorraine.

Art. 10. Il ne sera pas délivré de permis de chasse :

1º Aux mineurs âgés de moins de seize ans et aux personnes dont il y a lieu de craindre qu'elles ne commettent quelque imprudence dans le maniement des armes à feu ou qu'elles ne compromettent la sécurité publique ;

2º Aux personnes privées de leurs droits civiques ou qui se trouvent placées sous la surveillance de la police.

Un permis de chasse pourra être délivré aux mineurs qui auront accompli leur seizième année, lorsque leur représentant légal ou leur curateur en fera la demande.

Le permis de chasse délivré devra être déclaré nul et retiré, lorsqu'une des circonstances à raison desquelles le permis doit être refusé ne se produira ou ne sera portée à la connaissance de l'autorité qu'après la délivrance.

Art. 11. Le permis de chasse pourra être refusé :

1º Aux personnes qui ne sont pas ressortissantes de l'Empire allemand ;

2º Aux personnes qui ne peuvent justifier de moyens d'existence ;

3º Aux personnes qui auront été condamnées, par jugement passé en force de chose jugée, pour résistance à la force publique, pour vol, détournement, rapine, extorsion, recel, tromperie, contrebande ou fraude en matière de douane, mendicité ou vagabondage, vol forestier, exercice illégal de la chasse ou infraction à l'article 12 de la présente loi ; le refus, dans ce cas, pouvant être opposé à partir du jour où le jugement a acquis l'autorité de la chose jugée jusqu'à l'expiration de cinq années après que la peine prononcée a été purgée, remise ou prescrite.

En ce qui concerne les condamnations pour contrebande ou pour fraude en matière de douane, le permis de chasse ne pourra être refusé qu'autant que le jugement aura prononcé une peine privative de liberté.

Le permis de chasse délivré pourra être déclaré nul et retiré, lorsqu'une des circonstances à raison desquels le permis peut être refusé ne se produira ou ne sera portée à la connaissance de l'autorité qu'après la délivrance.

Art. 12 [1]). Sera puni d'une amende jusqu'à 100 marks, ou de la détention simple jusqu'à trois semaines :

1º Celui qui aura chassé en se servant de moyens ou d'engins prohibés ;

2º Celui qui, comme propriétaire, possesseur ou fermir aura détruit des animaux nuisibles d'une manière non autorisée par la loi (art. 2) ;

3º Celui qui, sans y être autorisé, détiendra des engins prohibés.

En outre de l'amende ou de la détention simple, le tribunal pronocera la confiscation des moyens ou engins prohibés sans qu'il y ait à distinguer s'ils appartiennent ou non au condamné.

Art. 13. Sera puni d'une amende jusqu'à 60 marks, ou de la détention simple jusqu'à quatorze jours :

1º Celui qui contreviendra aux ordonnances prises en exécution de la présente loi, à moins qu'il n'y ait lieu d'appliquer d'autres dispositions pénales ;

2º Celui qui, sans y être autorisé, se livrera à la chasse du gibier pendant que celle-ci sera fermée ou qui se livrera à la chasse en plaine, alors que cette chasse sera défendue conformément aux articles 3 alinéa 4, ou 7 alinéa 1er ;

---

[1]) *Adde* Code pénal, art. 368, n° 10.

3° Celui qui contreviendra aux prohibitions de l'article 4 ;

4° Celui qui contreviendra aux prohibitions de l'article 8.

Dans les cas prévus aux n°s 3 et 4, le tribunal prononcera, en outre de l'amende ou de la détention simple, la confiscation du gibier, sans qu'il y ait à distinguer s'il appartient ou non au condamné.

Art. 14. Sera puni d'une amende jusqu'à 60 marks.

1° Celui qui se livrera à la chasse sans qu'ait été délivré pour lui le permis prescrit ;

2° Celui qui laissera des chiens courants ou autres, placés sous sa surveillance, rechercher ou poursuivre le gibier sur le terrain de chasse d'autrui, sans le consentement du propriétaire.

En cas de condamnation en vertu du n° 1, le délinquant sera, en outre, tenu de payer la taxe fixée pour la délivrance du permis de chasse (art. 9).

Art. 15. Sera puni d'une amende jusqu'à cinq marks celui qui se livrera à la chasse sans être porteur de son permis.

Art. 16. En cas de récidive, l'amende édictée par les articles 12, 13 et 14 peut être portée au double du maximum fixé.

Se trouve en état de récidive celui qui, après avoir été condamné par un jugement passé en force de chose jugée pour une infraction à la présente loi, commet de nouveau une infraction à ladite loi, dans les deux années qui suivent.

Art. 17. Les amendes prononcées pour infraction aux dispositions de la présente loi sont versées au fonds commun et sont employées, ainsi que les autres recettes de ce fonds, conformément aux prescriptions

---

¹) Bulletin des lois, série VII, B. 654, n° 16389.

qui règlent cet emploi (ordonnance du 30 décembre 1823 ; décret du 25 juin 1852.

Art. 18. A partir du jour de l'entrée en vigueur de la présente loi, toutes les dispositions antérieures relatives à la police de la chasse sont abrogées, à l'exception de l'article 11, alinéas 2 et 3 de la loi du 7 février 1881.

Le jour de la clôture de la chasse pour l'année 1889, visé par l'article 10 de la loi du 7 février 1881, est fixé au 1er février.

Art. 19. La présente loi entrera en vigueur le 1er juillet 1883.

Les dispositions nécessaires pour l'exécution de la présente loi seront édictées par le Ministère [1].

----

[1] Voir Instructions du 3 juillet 1883.

Loi

relative à la réparation des dégâts causés par les sangliers dans les départements du Haut-Rhin, du Bas-Rhin et de la Moselle

Le Sénat et la Chambre des députés ont adopté,

Le Président de la République promulgue la loi dont la teneur suit :

Article premier

Il est constitué, dans les départements du Bas-Rhin, du Haut-Rhin et de la Moselle, un syndicat général des chasseurs en forêt, composé :

1º De tous les locataires de chasses domaniales ou communales en forêts ;

2º De tous les propriétaires qui se sont réservé l'exercice du droit de chasse dans les forêts leur appartenant, conformément à l'article 3 de la loi locale du 7 février 1881.

Est considéré comme chasseur en forêt tout titulaire du droit de chasse sur un terrain comprenant des bois faisant partie d'une surface boisée d'au moins 10 hectares d'un seul tenant.

Le syndicat est investi de la capacité civile.

Article 2

Les statuts du syndicat seront établis par l'assemblée générale des membres et approuvés par le Commissaire général de la République à Strasbourg. En cas de désaccord entre l'assemblée général et le Commissaire général de la République, les statuts seront arrêtés par décret délibéré en conseil d'Etat.

Les décisions de l'assemblée constitutive seront prises à la majorité des voix, chaque membre ayant une voix pour 100 hectares de superficie boisée compris dans sa chasse. Tout titulaire du droit de chasse sur une superficie boisée comprise entre 10 et 100 hectares aura une voix. Tout excédent de plus de 10 hectares sur le plus grand multiple de 100 hectares compris dans la surface boisée d'une chasse donnera droit à une voix supplémentaire.

Aucun membre ne pourra disposer de plus de dix voix.

Article 3

La liste des chasseurs appelés à constituer le syndicat sera dressée par le préfet de chaque département dans les trois mois qui suivront la promulgation de la présente loi.

Les titulaires des baux de chasse qui ne voudraient pas faire partie du syndicat devront notifier au préfet qu'ils renoncent à leur bail dans le mois qui suivra la convocation de la première assemblée générale réunie en vue de la constitution du syndicat. La renonciation ne donnera lieu à aucune indemnité. Passé le délai d'un mois, la participation au syndicat sera obligatoire.

Article 4

Est versé chaque année à la caisse du syndicat des chasseurs en forêt le supplément de 10 p. 100 sur le prix du bail versé par les locataires des chasses domaniales, en vertu de l'article 10 du cahier des charges du 21 août 1919, et par ceux des chasses communales en exécution de l'article 21 du cahier des charges annexé à l'arrêté du Commissaire général de la République à Strasbourg en date du 26 août 1919.

En ce qui concerne les chasses réservées par les propriétaires des terrains, il sera versé de même 10 p. 100 sur le montant de la somme versée à la commune par application de l'article 4 (alinéa 4) de la loi du 7 février 1881.

Article 5

Il est tenu un compte spécial des recettes et des dépenses du syndicat par département.

Au cas où les revenus d'une année déterminés par l'article 4 ci-dessus seraient insuffisants pour couvrir les dépenses incombant au syndicat dans un département à titre d'indemnité pour dégâts constatés et de frais d'administration, l'excédent de ces dépenses sera réparti entre les membres du syndicat dans le département proportionnellement à la surface de leurs chasses en forêts, à moins qu'il ne puisse être couvert avec le fonds de réserve.

Au cas où les revenus d'une année, constitués par les versements prévus à l'article 4 dans un département, excéderaient les dépenses du syndicat, l'excédent serait versé à un fonds de réserve.

Lorsqu'à la fin d'un exercice, le fonds de réserve d'un département excédera le montant moyen des dépenses des trois derniers exercices, l'excédent viendra en déduction des sommes à recevoir l'année suivante, en vertu dudit article 4.

Article 6

Toute demande en indemnité pour dommages causés par les sangliers doit être adressée, dans le plus bref délai après la constatation des dégâts, soit au siège du syndicat des chasseurs en forêt, soit au délégué que le syndicat est tenu d'avoir dans chaque arrondissement.

Le délégué du syndicat, ou un représentant désigné par lui, procède à la visite des lieux avec le demandeur ou son représentant. En cas d'accord entre eux sur le montant de l'indemnité, celle-ci est fixée définitivement.

A défaut d'accord, la partie la plus diligente demande, par lettre simple, au président du tribunal régional, de désigner un expert qui doit être choisi parmi les personnes ne faisant pas partie du syndicat des chasseurs et n'ayant ni résidence ni propriété dans le canton où le dégât s'est produit. L'expert fixe le montant de l'indemnité qui ne peut être ni supérieur au montant de la demande, ni inférieur à l'offfre du délégué du syndicat.

Les frais de l'expertise sont partagés proportionnellement à l'écart entre le chiffre fixé et l'indemnité demandée, d'une part, offerte, de l'autre.

En cas de contestation par l'une des parties, les frais d'expertise sont fixés par le juge du bailliage.

La décision de l'expert ne peut être attaquée que par l'appel devant le tribunal supérieur, dans le cas seulement où le montant de l'indemnité demandée excède 1.500 francs et dans les formes du droit commun.

Article 7

La responsabilité du syndicat des chasseurs sera substituée à celle du syndicat des communes à dater du 1er février qui suivra la promulgation de la présente loi. Si à cette date le syndicat des chasseurs n'est pas encore organisé, le syndicat actuel des communes continuera à assurer le service pour le compte du syndicat des chasseurs jusqu'au moment où celui-ci pourra entrer en fonctions.

Article 8

Sont abrogés les articles 26 à 36 de la loi locale du 17 avril 1899 sur l'exécution du code civil et l'ordonnance impériale du 27 août 1917, modifiant certains articles de cette loi.

La présente loi, délibérée et adoptée par le Sénat et par la Chambre des députés, sera exécutée comme loi de l'Etat.

Fait à Rambouillet, le 29 juillet 1925,

GASTON DOUMERGUE.

Par le Président de la République :

Le Président du conseil
Ministre de la guerre,
PAUL PAINLEVE.

Le Ministre de l'agriculture,
JEAN DURAND.

www.ingramcontent.com/pod-product-compliance
Lightning Source LLC
LaVergne TN
LVHW011036050726
842519LV00004B/1398